Franchising

M658f Milman, Fabio
 Franchising: Lei n. 8.955, de 15 de dezembro de
 1994 / Fabio Milman. — Porto Alegre: Livraria do
 Advogado, 1996.
 82p.; 14x21cm.
 ISBN 85-7348-013-0
 1. Franquia comercial. 2. Contato comercial.
 I. Título.
 CDU 347.741

 Índices para catálogo sistemático
 Contrato comercial
 Franquia comercial

(Bibliotecária responsável: Marta Roberto, CRB 10/652)

FABIO MILMAN

Franchising

LEI Nº 8.955, DE 15 DE DEZEMBRO DE 1994

livraria
DO ADVOGADO
editora

1996

© Fabio Milman, 1996

Capa, projeto gráfico e diagramação de
Livraria do Advogado / Valmor Bortoloti

Revisão de
Rosane Marques Borba

Direitos desta edição reservados por
Livraria do Advogado Ltda.
Rua Riachuelo, 1338
90010-273 Porto Alegre RS
Fone/fax: (051) 225 3311
E-mail: liv_adv@portoweb.com.br

Impresso no Brasil / Printed in Brazil

Esta obra é dedicada à memória dos imigrantes Isaac Milman e Erwin Bendheim, meus avós.

Minha mais sincera gratidão à
VERA MARIA JACOB DE FRADERA,
pela redescoberta do prazer de aprender;
à MARA LARSEN CHECHI, pelo
indispensável empurrão;
a ARAKEN DE ASSIS, sempre um paradigma,
pela ousadia e generosidade.

Prefácio

O direito comercial desponta, no último lustro do século, como o mais revolucionário dos domínios do direito. Isto se deve, fundamentalmente, às tranformações econômicas. Entre nós, o caráter reformista do direito comercial, em grande parte codificado pelo vetusto diploma de 1850 – e, por mais de uma razão digna de nota, lei notável: quem ignorará a relevância do princípio da boa-fé, nos dias que correm, e sua previsão explícita no grande texto legal do Império? –, se expressou pelo surgimento dos "novos" contratos, a exemplo da franquia e da faturização. E não constitui simples acaso que tais tipologias se inspiram em institutos da *Common Law*. O desenvolvimento do direito dos negócios, no mundo contemporâneo, é largamente influenciado por tal ordenamento, mais receptivo às necessidades do tráfego jurídico.

Daí a importância do livro de estréia de Fabio Milman, professor na Faculdade de Direito da PUC/RS, que me distinguiu com a incumbência de apresentá-lo. Nele, o leitor atento e o operador interessado – Advogado ou Juiz – localizará, dentre outros assuntos atuais, o exame da adaptação da franquia ao direito continental, a avaliação dos seus atrativos e, principalmente, a identificação das suas fases. Como em qualquer trabalho jurídico, a aspiração da obra é se tornar útil e, quanto a semelhante destino, não há dúvida razoável.

ARAKEN DE ASSIS
Desembargador do TJRS e Professor Adjunto-Mestre de Direito Processual na PUC/RS

Sumário

Introdução 13

PRIMEIRA PARTE
1. Conceito 17
2. Origens 31
3. Adaptação ao sistema continental e às condições socioeconômicas terceiro-mundistas 35

SEGUNDA PARTE
1. O contrato 41
1.1. Natureza jurídica 41
1.2. Principais características do contrato 43
1.2.1. Bilateral (ou sinalagmático, ou recíproco) 43
1.2.2. Cumulativo 44
1.2.3. Típico 45
1.2.4. Misto (ou híbrido) 45
1.2.5. *Intuito personae* 45
1.2.6. De adesão 46
1.2.7. De duração (ou sucessivo) 47
1.2.8. Consensual e não-solene 47

2. Partes intervenientes no contrato 49

3. Atrativos e ônus 54

4. Espécies e formas 63

5. As fases da contratação 67
5.1. Fase pré-contratual 67
5.2. Pré-contrato ou pré-franchising 72
5.3. O contrato 73

Conclusão 77

Referências bibliográficas 81

Introdução

Cada vez mais se comprova, no dia a dia, a tese de que a espécie humana vive numa *aldeia global*. Pode-se dizer, até, que o mundo vai perdendo, pouco a pouco, traços de distinção entre seus mais distantes quadrantes. A queda do muro de Berlim, representando o fim de utópicos regimes fechados, fez com que, efetivamente, fosse deixado de lado o que ainda remanescia dividido.

John Lennon, ao construir o clássico "IMAGINE", não supunha que as barreiras cederiam não diante da paz, mas por força da atividade econômica. Esta a responsável pelo fato de, no Brasil, nos alimentarmos com os mesmos quitutes preparados na Europa ou nos Estados Unidos; a mesma cor, o mesmo aroma, a mesma embalagem, o mesmo sabor.

As roupas! O mesmo *jeans*; a mesma *griffe*.
O fim das peculiaridades...
Os instrumentos de transformação da Terra numa quase uniformidade foram vários; dentre eles, o tema desta obra: o Contrato de *Franchising*.

Desde já, em atitude longe da xenofobia, adotamos, para a espécie ora estudada, a designação norte-americana. Tanto que, no Brasil, a Lei nº 8.955, de 15 de dezembro de 1994, denominou a espécie de *Franquia Empresarial*, com o cuidado, todavia, de manter, entre parênteses, a expressão universal *franchising*. O texto legal foi, no nosso entendimento, feliz e atento à realidade das ruas.

De forma proposital, utilizou-se, acima, em grifo, expressões dos idiomas inglês e francês; quase nenhum brasileiro urbano desconhece a que tais palavras referem.

Aliás, até a entrada em vigor da mencionada lei, grande era a preocupação dos doutrinadores acerca da definição do correto nome do instituto.

Glória Cardoso de Almeida Cruz[1] fez estudo examinando a nomenclatura utilizada pelos mais consagrados doutrinadores brasileiros. Em território nacional, restou prevalecendo, como definido na mencionada lei, Franquia Empresarial (franchising); e os partícipes, franqueador e franqueado.

A ênfase que é dada, no primeiro momento do trabalho, centra-se na análise do conceito, origem, adaptação ao sistema continental e às condições socioeconômicas terceiro-mundistas do contrato hoje típico.

Após, concentrados estarão nossos esforços para, examinando a natureza jurídica do contrato, buscar precisar-lhe as principais características, entendidas, aí, as partes intervenientes no negócio, os atrativos e correspondentes ônus, cláusulas, pecu-

---
[1] Cruz, Glória Cardoso de Almeida. "Franchising", Rio de Janeiro: Forense, 1993, p. 11.

liaridades, etc., tudo consoante à já referida Lei da Franquia Empresarial, diploma legal recente e ainda pouco analisado.

PRIMEIRA PARTE

1. Conceito

O franchising, seguramente, é dos mais complexos contratos utilizados como instrumento de implemento da atividade econômica. Raros os Países que dispõem, em seus sistemas jurídicos, normatização da espécie contratual. Até pouco mais de um ano, o Brasil inseria-se nesta categoria. Daí por que a conceituação do instituto, nos mais diversos Estados e mesmo em solo pátrio, praticamente traz síntese das principais características do negócio.

Relaciona-se, agora, série de tentativas de definição do *franchising*.

Os italianos Bussani e Cendon[2] ensinam que a expressão:

"... designa un'operazione commerciale mediante la quale un impreditore concede a altro impreditore una sorta di 'privilegio', ossia il diritto per quest'ultimo di utilizzare, nell'eser-

---
[2] Bussani, Mauro e Cendon, Paolo. "I Contratti Nuovi - casi e material di dottrina e giurisprudenza - Leasing, Factoring e Franchising". Giuffrè Editore: Milano, Italia, 1989, p. 401.

cizio della propria attività economica, i segni distintivi e la formula industriale o distributiva del primo"[3].

MENEZES CORDEIRO[4], examinando, em território luso, o instituto, apresenta que:

"nele uma pessoa - o franquiador - concede a outra - o franquiado - a utilização, dentro de certa área, cumulativamente ou não, de marcas, nomes, insígnias comerciais, processos de fabrico e técnicas empresariais e comerciais, mediante contrapartidas."

ADALBERTO SIMÃO FILHO[5] faz excelente compilação de conceitos buscados junto a autores estrangeiros, instituições estrangeiras, autores e instituições nacionais. Pela diversificação, importante a transcrição:

"VICENT CHULIA - O contrato de 'franchising' de origem norte-americana, em certo modo, é um contrato de concessão comercial, já que o distribuidor compra e revende. O concedente dá uma autorização para o cessionário utilizar sua marca, geralmente uma marca internacional, integrando-o em sua rede de comercialização e prestando assistência técnica na organização do estabelecimento e da atividade de venda,

---
[3] ou, numa tradução livre, a operação comercial mediante a qual um empreendedor outorga a outro uma série de privilégios como o uso da marca, fórmula industrial ou de distribuição de produtos, para que este exerça sua própria atividade.
[4] Menezes Cordeiro, Antônio. "Do Contrato de Franquia ("Franchising"): Autonomia Privada Versus Tipicidade Negocial". Revista da Ordem dos Advogados: Lisboa, abril 1988, p. 63-84.
[5] Simão Filho, Adalberto. "Franchising: aspectos jurídicos e contratuais". São Paulo: Ed. Atlas, 1993.

apresentação do produto, promoção, publicidade e distribuição.

ALDO FRIGNANI - Sistema de colaboração entre um produtor ou vendedor de bens ou serviços e um distribuidor, jurídica e economicamente independentes um do outro, por um contrato onde o primeiro concede ao segundo a faculdade de participar, em cadeia de distribuição, com o direito de desfrutar de determinadas condições, após pagar a soma em dinheiro, bem como o uso da marca, insígnia, patente ou uma simples fórmula ou segredo comercial a ele pertencente.

ZANELLI - Contrato mediante o qual uma parte concede a outra, o exercício, em determinadas condições e sob controle do concedente, de uma atividade, normalmente de produção e prestação de serviços, valendo-se pelo recíproco interesse. Concessão esta de meios comuns, seja de signos distintivos e de outros elementos de identificação, seja de patentes de invenção ou outros conhecimentos (*know-how*), e de assistência técnica contra a prestação correspondente, por parte do concessionário, de um preço ou compensação, normalmente composta de uma parte variável, proporcional ao giro de negócios realizados pela concessionária (*Royalts*).

ROBERTO BALDI - O *franchising* tem por base a cessão do uso de marca de produto ou serviço para que se possa vendê-lo ou prestá-lo a terceiros. É forma de estrita colaboração entre empresas através da qual se integra a distribuição de produtos e prestação de serviços.

JEAN GUYENOT - 'Na prática, como criado no ano de 1955, o 'franchising' tomou nos E.U.A. a forma de uma concessão de licença comercial e, no plano da comercialização de produtos, ele é equivalente a uma concessão de licença de patente.' O *franchising* se define como a concessão de uma marca de produtos ou de serviços a qual se agrega à concessão de um conjunto de métodos e meios de venda.

BENEDITO FRANCÊS - O *franchising* é um sistema de colaboração entre duas empresas diferentes, mas ligadas por um contrato em virtude do qual uma concede a outra, mediante pagamento de uma quantia e sob condições bem determinadas, o direito de exploração de uma marca ou fórmula comercial representada por um símbolo gráfico ou um emblema e assinalando-lhe, ao mesmo tempo, uma ajuda e serviços regulares destinados a facilitar esta exploração.

JOSÉ R. CANO RICO - É um contrato de arrendamento de bens e serviços com cessão do uso não só de bens materiais, como também da propriedade imaterial.

ROBERTO PARDOLESI - É um contrato em que o *franchisor* concede o uso de sua marca e de seus símbolos comerciais ao *frenchisee*, a fim de que se desenvolva uma atividade de venda ou distribuição de produtos ou serviços. O *franchisee* operará segundo os métodos de *marketing* facilitados pela outra parte, com quem manterá uma comunidade de interesses na comercialização e a que satisfará, direta e indiretamente, um *franchise fee*.

LUIS CARDELÚS - O *franchising* em Direito Espanhol, é um contrato mercantil atípico, bilateral e sinalagmático, onde uma das partes, franqueante (*franchisor*), cede a outra, franqueado (*franchisee*), um produto e conhecimentos técnicos para exploração daquele e assessoramento constante e, em contraprestação, percebe do franqueado um preço inicial mais uma porcentagem sobre suas vendas, ou só esta última.

JEAN-PIERRE LEHNISCH - É um método de colaboração entre uma empresa *franchiseur*, de uma parte, e uma ou várias empresas *franchisees*, de outra parte. Esta colaboração tem por objetivo o desenvolvimento acelerado das empresas contratantes pela ação comum, resultante da conjuntura e dos capitais, com preservação das respectivas independências, dentro de um plano de acordo de exclusividade recíproca.

INTERNACIONAL FRANCHISE ASSOCIATION - Uma operação de *franchise* consiste em uma relação contratual entre o *franchisor* e o *franchisee*, pela qual o *franchisor* oferece ou se obriga a manter um contínuo interesse no negócio do 'franchisee', em campos como o know-how e a formação da empresa, onde o *franchisee* opera sob um nome comercial comum, um método ou procedimento próprio controlado pelo *frachisor* e em que o *franchisee* tem ou terá que fazer uma substancial inversão de capital no negócio com seus próprios recursos.

CÂMARA DE COMÉRCIO INTERNACIONAL (Europa) - É um sistema de colaboração entre duas empresas juridicamente independentes, ligadas por um contrato, em virtude do qual, uma delas, a *franchisor*, concede a outra, o *franchisee*, mediante o pagamento de um preço, o direito de usar uma marca ou fórmula comercial, assegurando a assistência e prestação de serviços necessários para levar a cabo a exploração.

ASSOCIAÇÃO ITALIANA DE FRANCHISE - É uma forma de colaboração continuada para a distribuição de bens ou serviços entre empresários filiantes e um ou mais empresários filiados, jurídica e economicamente independentes um do outro, que estipula um acordo através do qual: a) O filiante concede ao filiado a utilização de sua própria fórmula comercial, compreendendo o direito de explorar seu *know-how* e os próprios sinais distintivos, além de certas prestações e formas de assistências, permitindo ao filiado a gestão da própria atividade com a mesma imagem da empresa filiante; b) o filiado se compromete a fazer própria a imagem do filiante, no interesse recíproco das partes e do consumidor final, além do respeito às condições do contrato.

FEDERAÇÃO EUROPÉIA DE FRANCHISING - O *franchising* se define como um método de colaboração contratual entre duas partes juridicamente independentes e igualadas; de uma parte uma empresa franqueante, a *franchiseur*, doutra parte uma ou mais empresas, a(s) *franchisee(s)*. No que concerne à empresa franqueante implica: na propriedade de uma razão social, nome comercial, siglas ou símbolos de comércio (eventualmente marca de fábrica) ou de serviços, de *know-how*, colocados à disposição de

uma ou várias empresas *franchisees*, o controle de um conjunto de produtos e/ou serviços apresentados de uma maneira original e específica e que devem ser adotados e utilizados pelo *franchisee*. Estas maneiras repousam sobre um conjunto de técnicas comerciais específicas, que já foram experimentadas antes, que são continuamente desenvolvidas e verificadas no que concerne ao seu valor e eficácia. O principal objetivo em entabular um contrato de *franchise* entre duas partes é o de promover benefícios aos *franchiseur et franchisees*, combinando os recursos humanos e financeiros sem que possa afetar a independência de cada uma das partes. Todo contrato de *franchise* implica um pagamento efetuado sob qualquer forma que seja, do *franchise* ao *franchiseur*, em reconhecimento aos serviços consubstanciados no fornecimento do nome, maneira de comerciar, tecnologia e *know-how*. O *franchisage* é, por conseguinte, mais que um contrato de venda ou de concessão ou que um contrato de licença, visto que as duas partes aceitam, umas e outras, obrigações importantes em respeito recíproco, formando uma cédula estável numa relação comercial convencional. Um contrato de *franchise* repousa sobre a confiança mútua e as partes buscam a todo momento evitar os mal-entendidos dentro da relação recíproca e com o público em geral. O *franciseur* garantirá a validade de seus direitos sobre a marca, insígnia, siglas, *slogan* etc. e assegurará às empresas *franchisees* a concessão pacífica de se colocarem à sua disposição.
PROJETO DE REGULAMENTO DA COMISSÃO DA

C.E.E. PARA O *FRANCHISING* - Art.1.2, a) por acuerdo de franquicia se entenderá el contrato en cuya virtud una parte, el franquiciador, cede a la otra el franquiciado, a cambio de una contraprestación económica, el derecho a la exploración de una franquicia para comercializar determinados produtos o servicios; b) por franquicia se entenderá un conjunto de derechos de propiedad intangible relativos a marcas, denominaciones, rótulos, modelos, diseños, derechos de autor, *know-how* o patentes, que deberan explotarse para la reventa de productos o la prestación de servicios a los usuarios finales y que incluye por lo menos: el empleo de una denominación o rótulo común y una presentación uniforme de las instalaciones contractuales, la comunicación por el franquiciador al franquiciado de un *know-how* substancial, que pueda conferir a este una ventaja competitiva, y la prestación continua por el franquiciador al franquiciado de asistencia comercial o técnica durante la vigencia de acuerdo.

TRIBUNAL DE APELAÇÃO DE PARIS - O *franchising* se define como um método de colaboração entre duas ou várias empresas comerciais, uma franqueante, outra franqueada, onde a primeira, proprietária de um nome ou de uma razão social conhecida, de sinais, símbolos, marcas de fábrica, comercial ou de serviço, bem como de *know-how* particular, põe à disposição da outra o direito de utilizar, mediante um *royalt* ou uma entrada percebida, um conjunto de produtos ou de serviços, originais e específicos, para explorá-los obrigatória e totalmente segundo técnicas comerciais experimentadas, postas em uso e periodicamente recicladas, de uma forma exclusiva, a fim de conseguir um melhor impacto no mercado e obter um acelerado desenvolvimento comercial das empresas contratadas; este contrato pode supor uma ajuda industrial, comercial ou financeira permitindo a integração da atividade comercial do franqueante com respeito ao franqueado iniciado em uma técnica original e *know-how* fora do comum, permitindo a manutenção da imagem da marca, do serviço ou do produto vendido e o desenvolvimento da clientela a menor custo e com maior rentabilidade das partes que conservam juridicamente uma independência total.

TRIBUNAL DE JUSTIÇA DA COMUNIDADE EUROPÉIA - Ao sentenciar famoso caso entre empresas que adotavam o sistema de *franchising* - (caso 'Pronuptia'), simplesmente distingue as diferentes classes do contrato de *franchise*: '... contratos de franquicia de servicios en virtud de cual el franquiciado ofrece un servicio bajo signo distintivo y nombre comercial; los contratos de franquicia de produción en virtud de los cuales el franquiciado fabrica por sí mismo, según las indicaciones del franquiciante, productos que vende bajo la marca de éste; y en fin, los contratos de franquicia de distribuición en virtud de los cuales el franquiciado se obliga a vender ciertos productos en una tienda que utiliza el distintivo del franquiciante. ...'

MODESTO CARVALHOSA - 'Contrato de distribuição de bens com uma determinada marca, ou de realização de serviços específicos, padronizados por um comerciante independente que adota como nome de seu estabelecimento, o do franqueador ou que omite para o público o seu nome comercial operando mercadologicamente (e não juridicamente) apenas com a marca do produto franqueado'.

ORLANDO GOMES - Operação pela qual um empresário concede a outro o direito de usar a marca de um produto seu com assistência técnica de sua comercialização, recebendo, em troca, determinada remuneração.

RAQUEL SZTAJN - A Autora menciona no tocante ao objeto do contrato de franquia o seguinte: '...por objeto a utilização ou licença do uso de marca e prestação de serviços de organização e métodos de venda, fornecidos pelo franqueador ao franqueado. Às vezes, haverá fornecimento de produtos, podendo ser, ele mesmo, produtor. O franqueador fornece técnica(s) e/ou marca de comercialização de produtos ou serviços e transfere, juntamente com seu conhecimento e marca, a reputação a eles ligada'.

CONSELHO DE DESENVOLVIMENTO COMERCIAL vinculado ao Ministério da Indústria e do Comércio - Sistema de distribuição de bens e serviços, pelo qual o titular de um produto, de um serviço ou de um método, devidamente caracterizado por marca registrada, concede a outros comerciantes, que se relacionem com o titular, por ligação contínua, licença e assistência para exposição do produto no mercado."

Excluímos, da compilação de Simão Filho, outros autores e instituições diretamente consultados.

Acerca do conceito de *franchising*, Nelson Abrão[6] leciona que:

"A franquia empresarial é um contrato pelo qual o titular de uma marca de indústria, comércio ou serviço (franqueador), concede seu uso a outro empresário (franqueado), posicionado ao nível da distribuição, prestando-lhe assistência no que concerne aos meios e métodos para viabilizar a exploração dessa concessão, mediante o pagamento de uma entrada e um percentual sobre o volume de negócios."

Waldírio Bulgarelli[7] informa que:

"... *franchising* é a operação pela qual um comerciante, titular de uma marca comum, cede seu uso, num setor geográfico definido, a outro comerciante. O beneficiário da operação assume integralmente o financiamento de sua atividade e remunera o seu co-contratante com uma porcentagem calculada sobre o volume dos negócios."

O consagrado comercialista Fran Martins[8] traz seu conceito:

"... como o contrato que liga uma pessoa a uma empresa, para que esta, mediante condições especiais, conceda à primeira o direito de comercializar marcas ou produtos de sua propriedade sem que, contudo, a essas estejam ligadas

---

[6] Abrão, Nelson. "A Lei da Franquia Empresarial". Revista dos Tribunais, volume 722, p.27.

[7] Bulgarelli, Waldírio. "Contratos Mercantis". 5ª edição, São Paulo: Atlas, 1990, p.484.

[8] Martins, Fran. "Contratos e Obrigações Comerciais - Edição Universitária - 1ª edição revista e aumentada". Rio de Janeiro: Forense, 1990, p.578/579.

por vínculo de subordinação. O franqueado, além dos produtos que vai comercializar, receberá do franqueador permanente assistência técnica e comercial, inclusive no que se refere à publicidade dos produtos."

Finalizando a longa mas importante relação de conceitos doutrinários e jurisprudências acerca do objeto deste trabalho, traz-se a lição de Jorge Lobo[9], nos seguintes termos:

"Para nós, *franchising* é o contrato de cessão temporária de uso de marca, para fabricação ou venda de produtos ou serviços, que o franqueador faz ao franqueado, com ou sem exclusividade em determinada zona geográfica, mediante remuneração, que pode consistir numa taxa inicial de ingresso, num percentual sobre o faturamento, ou de ambos, com a garantia de assistência técnica, podendo, ainda, abranger, conforme o tipo de atividade, a elaboração de um projeto para construção e reforma das instalações do estabelecimento, mobiliários, cores, maquinaria etc. (*engeneering*), o treinamento do pessoal franqueado e montagem da organização contábil e administrativa (*management*) e o estudo do mercado em potencial, publicidade, vendas promocionais e lançamento de produtos (*marketing*)."

Disse-se, na introdução da obra, que até bem pouco tempo não possuía o Brasil legislação específica que tipificasse o contrato de *franchising*.

---

[9] Lobo, Jorge. "Contrato de Franchising". Rio de Janeiro: Forense, 1994, p.26.

Com o advento da Lei nº 8.955, em 15 de dezembro de 1994[10], recebeu o ordenamento jurídico definição legal do instituto, no Art.2º do diploma, ora reproduzido:

"Art.2º. A franquia empresarial é o sistema pelo qual um franqueador cede ao franqueado o direito de uso de marca e patente, associado ao direito de distribuição exclusiva ou semi-exclusiva de produtos ou serviços e, eventualmente, também ao direito de uso de tecnologia de implantação e administração de negócio ou sistema operacional desenvolvidos ou detidos pelo franqueador, mediante remuneração direta ou indireta, sem que, no entanto, fique caracterizado vínculo empregatício."

Não se poderia encerrar o exame do conceito do instituto sem responder à tentação de ousar contribuir a tantas e tão brilhantes destacadas conclusões.

Assim, nosso entendimento é que *franchising* é o contrato que traduz negócio jurídico entre detentor de marca, produto ou serviço que, mediante remuneração, concede a outrém, autônomo comercialmente, outorga do uso de bem jurídico de sua titularidade para uma determinada área territorial, com a obrigação de garantir, com sua prévia experiência e conhecimento técnico, a implantação e continuidade da atividade concedida.

---

[10] publicada no DIÁRIO OFICIAL DA UNIÃO dia 16 de dezembro de 1994.

2. Origens

A busca dos antecedentes históricos do *franchising* passa por uma divisão de caminhos. De um lado, conhecer a raiz da forma (ou fórmula) negocial; de outro, a raiz da palavra/expressão.

Estudando a origem desta última, Waldirio Bulgarelli[11] ensina que *franchinsing* deriva da expressão inglesa *franch*, que, por sua vez, remonta ao francês medial *franc*.

Portanto, nada mais natural que um convite para viajar até a Idade Média, época em que imperava o sistema Feudal.

O Senhor Feudal, que servia ao Primaz da Igreja, concentrava poderes plenos sobre seus comandados, exigindo-lhes tributos pela utilização dos caminhos de seu território (o pedágio).

Exceções havia: as cidades-livres, ou francas, cujos comerciantes viam-se liberados de pagar pela

---

[11] ob. cit., p.485.

circulação pessoal, bem como de seus bens e serviços.

Tal franquia, importante referir, era parcial, na medida em que a liberação de pagamento ao Senhor, relativo à passagem, não alcançava a impostos outros, devidos pela atividade comercial.

Um grande salto através dos tempos. Estados Unidos da América, 1860.

Através de iniciativa da empresa Singer Sewing Machine, pela primeira vez entre dois particulares deu-se, de forma oficial, estabelecimento de franquias.

Tal intento resultou da vontade de ampliação de mercado, sem que, para tanto, houvesse necessidade de mobilização de capitais.

A Singer alcançou rápido e ruidoso sucesso, que contagiou outras ainda incipientes indústrias, cujos produtos, hoje, estão nos quatro quadrantes do Planeta Terra: a General Motors, em 1898, e a Coca-cola, em 1899.

As duas primeiras décadas do século vinte serviram de cenário para o desenvolvimento do *franchising* que, até então, estava limitado a máquinas e fórmulas industriais: em 1917, a fórmula comercial dos supermercados Piggly Wiggly; em 1921, a fórmula de locação da Hertz Rent-A-Car; em 1925, os alimentos, com a rede de lanches e refeições de A. & W. Root Beer.

Ainda nos anos trinta, o *franchising* passou a servir aos interesses das companhias de petróleo.

O grande *boom* do sistema deu-se, de forma efetivamente ampla e popular, após a Segunda Guerra Mundial, a partir do país Norte-Americano.

O *American way of life* sempre determinou a idéia da busca à autonomia, à independência a um patrão[12], e um apego ao pragmatismo[13].

Tais razões levaram os ex-combatentes americanos, incentivados por um plano de financiamentos gerados pela *Small Business Administration*, órgão do Governo Federal subordinado ao Departamento de Comércio Americano, a buscar, através do *franchising*, sua profissionalização civil e segurança econômica.

Não se poderia, ao finalizar o estudo das origens do contrato, deixar de mencionar que, em 1955, em Illinois, na cidade de Desplaines, foi inaugurada a primeira unidade do restaurante Mcdonald's, a mais bem sucedida franquia em todo o mundo.

A seguir, avaliação de como o instituto, criado e funcionando sob a égide da *common law*, adaptou-se ao sistema continental, em particular na Europa e na América Latina.

---

[12] Simão Filho, Adalberto. Ob. cit., p.18: "Outros elementos que definirem o possível sucesso dos empreendimentos, através do novo método, ficariam por conta da autonomia empresarial que possibilitava ao franqueado tornar-se proprietário de seu negócio em caráter independente. Alías, os Americanos do Norte prezam por demais a idéia positiva de que a pessoa possa 'ser seu próprio patrão', conceito este difundido na atualidade para atrair adeptos ao sistema."

[13] Lobo, Jorge. Ob. cit., p.23: "A bem da verdade, o 'franchising' nada mais é do que a versão norte-americana da concessão comercial do direito europeu, com pequenas variações, que consistiram, devido ao espírito prático daquele povo, em autêntico aperfeiçoamento do instituto de concessão comercial de venda com exclusividade, cujas origens estão, conforme estudos profundos e sérios, nas cidades italianas da Idade Média."

3. Adaptação ao sistema continental e às condições socioeconômicas terceiro-mundistas

A travessia oceânica do *franchising* até o Continente Europeu, nos moldes modernos do contrato, ocorreu somente ao início dos anos setenta[14] (como referido no capítulo anterior, a remota origem da franquia, é bom lembrar, estava, justamente, na Europa Medieval).

Os Europeus possuíam, todavia, antes da "importação" setentina, instituto com alguma semelhança, embora sem o aprimoramento técnico norte-americano - uma espécie de concessão de venda.

Houve um natural primeiro momento de resistência à utilização do *franchising*, até porque este introduzia produtos e serviços de domínio e interesse Norte-Americanos, em detrimento à cultura e economia locais.

---

[14] BUSSANI e CEDON. Ob. cit., p.403.

Também necessária a adaptação a sistema legal distinto daquele de origem - a *common law*.

O principal problema residia na cláusula de territorialidade.

Esta estabelece exclusividade da atividade franqueada em uma determinada região geográfica, possibilitando dominação de mercado - o que, em princípio, seria vedado pelo sistema continental[15].

A maioria dos países Europeus não dispõe de regramento específico ao negócio; para tanto, são utilizados códigos deontológicos (isto é, que contêm normais gerais de ordem moral e ética), para regular as relações entre os partícipes da operação.

A Europa Comunitária, de outra forma, já dispõe de lei regulamentadora da matéria (publicada no Diário Oficial das Comunidades Européias de 27 de agosto de 1987).

No terceiro mundo, em especial na Latino-América, o sucesso do *franchising* respondeu, sobretudo, às sempre frágeis condições socioeconômicas, e ao consagrado imperialismo ditado pelos Estados Unidos.

Crítica, neste sentido, foi feita por Ghersi[16]:

"La manufacturación de productos y servicios se encuentra em crisis, en el sentido de que las

---

[15] a respeito, o caso que serviu de paradigma à Comunidade Européia: o *pronuptia case*, onde, em grau recursal, foi solicitada a manifestação do Tribunal Comunitário, a título prejudicial, sobre duas questões: a) se o art.85, 1, do Tratado de Roma, III parte, de 25 de março de 1957, que instituiu a Comunidade Européia, e o regulamento 67/67, que trata da aplicação de tal artigo, seriam aplicáveis ao *franchising*; b) se as obrigações contratuais assumidas restariam ou não afetadas pelas exceções previstas em diversos regulamentos. A decisão reconheceu como válido o contrato de *franchising*, adaptando algumas de suas condições à tradição legal Européia.

[16] Ghersi, Carlos Alberto. "Contratos Civiles y Comerciales". tomo 2; Editorial Astrea: Buenos Aires, 1992; 2a. edición, p.37.

grandes marcas, utilizando procedimientos inductivos de penetración, hacen prevalecer su posición en el mercado consumidor; de allí que la mediana o pequeña empresa en países subdesarollados intenta, frente a esta realidad, allanar de alguna manera su camino al mercado, utilizando aquella expansión de las empresas transnacionales para generarse una participación no competitiva."

O mesmo Autor, após exame das vantagens para os particulares que integram o sistema, bem observa que a penetração em países subdesenvolvidos, de franqueadores estrangeiros, implica uma exportação importantíssima de divisas, em detrimento aos apelos sociais nacionais.

A expediência brasileira com a franquia remonta, em sua nascente, a instituto muito semelhante, uma forma de trabalho de comercialização implantado pelo baiano Arthur de Almeida Sampaio, no início do século.

Em Salvador, Sampaio produzia, com sucesso, em sua fábrica, os calçados Stella, de grande aceitação popular - isto em 1910.

A prática passava pela seleção de representantes, e descentralização sem investimentos: aquele que, demonstrando aptidão para o negócio, possuísse ponto e freguesia, recebia os calçados e a placa padronizada para colocar em frente à loja.

Exemplos que se seguiram, em nosso país, foram dos postos de gasolina, revendas de veículos, carrinhos de sorvete da Kibon, escolas de idiomas Yázigi.

A partir da década de setenta, com o "milagre" econômico, patrocinado pelo avanço das comunicações, ou melhor, pelo monopólio quase que absoluto das comunicações, em especial influenciado pelas novelas da Rede Globo, o brasileiro passou a enfrentar uma *duríssima* realidade: o de *ter* de vestir-se, de falar, de comportar-se de forma padronizada, atendendo aos modismos e irresistíveis apelos comerciais.

Quem não se adapta a tal ordem de coisas não é *chic*, está *out*.

A ambição e o desejo pela *griffe*, pela marca. Para que os protótipos de falso progresso e civilização chegassem a todos os rincões brasileiros, atendendo ao clamor das cidades, fundamental uma rede de distribuição rápida e eficaz.

O *franchising*, nestas circunstâncias, caiu feito uma luva, tornando idêntico o *shopping center* nordestino àquele implantado no extremo sul.

As poucas economias de um país achacado por políticas econômicas fundadas em planos nunca exitosos, a recessão e o conseqüente desemprego, resultaram, pouco a pouco, na modificação da mentalidade do brasileiro.

O emprego público não mais representava *status*; o emprego, junto à iniciativa privada, gerava absoluta insegurança.

Também por estas razões, ser franqueado de um bom produto ou serviço passou a representar esperança de melhores dias.

Não se olvide, todavia, que, até pouco mais de um ano, não se dispunha, em solo nacional, de diploma próprio ao instituto.

Esta situação de desproteção, especialmente ao partícipe mais fraco da relação negocial (o franqueado), era minimizada pela utilização analógica de institutos legais dos mais variados[17]. Embora vigente a mencionada lei, dentro de uma idéia de sistema jurídico aberto, possível verificar, na análise e questionamento do contrato examinado, ainda importante o uso daqueles diplomas e normas.

Segundo o CEBRAE[18], razões fortes persistem para o incremento do *franchising* em solo nacional: dimensões continentais com graves problemas de distribuição, padrões de necessidade de consumo não atendidas plenamente, demanda com exigência de padronização gerada pela veiculação nacional da comunicação, o número cada vez maior de pequenos empresários com grande vitalidade, mas sem apoio e preparo.

As atrações para tornar-se um franqueado, por tudo isso, são enormes.

Por exemplo, o "Caso MacDonald's": em cada bairro de uma grande cidade brasileira o "M" amarelo traz a garantia de refeição rápida, higiênica, de qualidade, por um preço justo.

Esta é a franquia mais cara no Brasil. O investimento inicial é recuperado, em uma loja bem trabalhada, em dois anos.

A Kroc, empresa franqueadora internacional, exige uma série de requisitos para concessão da franquia (dentre elas, um estágio para estudos de 42 semanas, incluindo aulas na Universidade de Hamburger, em Illinois, nos Estados Unidos).

---

[17] Constituição Federal, Código Civil, Código Comercial, Consolidação das Leis do Trabalho, Leis nºs 3.470/58, 4.131/62, 5.772/71, 4.506/64, 4.390/64, 4.137/62, Decreto-Lei nº 1.730/79, Decreto nº 76.186/75, Parecer Normativo da Coordenadoria do Sistema Tributário nº 102/143 de 1975, Normas do Banco Central do Brasil, RIR - Regulamento do Imposto de Renda, Ato Normativo do Instituto Nacional de Propriedade Industrial (INPI) nºs 15/73, 32/78 e 35/92, e Código de Defesa do Consumidor.

[18] Cruz, Glória Cardoso de Almeida. Ob. cit., p.56.

O *franchising*, como se mostrou, em sua presente forma é novo no Brasil, e sua regulamentação específica ainda mais recente.

Por tudo isto, dúvida não há que, se por um lado, a atração que exerce é enorme, correspondentes cuidados se deve ter na adesão à rede enquanto franqueado, dada a característica flagrantemente leonina e adesiva do instrumento contratual.

Nosso País ainda amadurece e consagra suas instituições de cidadania e democracia; na economia, ainda cambaleia em quadro recessivo.

Fica a dúvida, e o convite à reflexão: oferece o Brasil efetivas condições para ver prosperar negócio que, pelo lado do franqueado, impõe enormes riscos, que, quase nunca, são também suportados pelo franqueador?

Tentaremos responder, ao final deste livro

SEGUNDA PARTE

1. contrato

1.1. NATUREZA JURÍDICA

Ao investigar a natureza jurídica de qualquer contrato, em realidade se pretende conhecer suas principais características.

Já foi mencionado que o negócio de *franchising* é dos mais complexos instrumentos de movimentação econômica.

Poder-se-ía descobrir, "embutidos" em tal pacto, vários outros contratos típicos.

Assim tem feito a doutrina, tanto estrangeira quanto brasileira.

Bussani e Cendon[19], trabalhando em tal tema, comparam o *franchising* com a concessão de venda e com a licença, para, ao final, concluir que aquele é um contrato de empresa, de prestações respectivas, de duração, *intuito personae*.

Fran Martins[20] aproxima o *franchising* ao contrato de concessão exclusiva, do contrato de forneci-

---

[19] Ob. cit., p.429/435.
[20] Ob. cit.; p.583/584.

mento, e do contrato de distribuição, com traços de diferenciação flagrante[21]; finaliza concluindo que a natureza jurídica do instituto é de um híbrido de outros contratos, embora aos mesmos autônomo.

Também buscando classificar juridicamente o contrato, Waldirio Bulgarelli[22] aproxima-o, além daqueles mencionados acima, aos de mandato e comissão[23]. Com a devida vênia, o renomado professor tangencia o problema, não apresentando a classificação jurídica do instituto.

Idêntico caminho, de aproximação a instrumentos negociais com os quais o contrato de *franchising* guarda similitudes, é seguido por Adalberto Simão Filho[24], que traça comparações com a licença para exploração de marcas ou patentes, mandato mercantil, comissão mercantil, concessão comercial. A natureza jurídica resultante de tal exame, segundo o Autor, é de um contrato inominado ou atípico, misto, bilateral, de prestações recíprocas e sucessivas, com o fim de se possibilitar a distribuição, industrialização ou comercialização de produtos, mercadorias ou prestação de serviços.

Nos agrada tal lição, com a ressalva de que publicada a mesma antes da vigência da Lei nº8.955, de 15 de dezembro de 1994, que tornou

---

[21] com razão o Autor: no *franchising*, a exclusividade pode ou não estar presente, e para uma determinada faixa territorial; no *franchising*, o fornecimento não esgota o contrato, na medida em que pesistem inúmeras outras vinculações (dentre elas, por exemplo, o de assistência técnica); o franqueado não é mero distribuidor de produtos, técnicas ou serviços do franqueador, na medida em que, independente, age na condução de seus negócios, e não como mero preposto.

[22] Ob. cit.; p.486/489.

[23] como na nota 17 exposto; o franqueado é comerciante autônomo, não agindo como mandatário ou preposto do franqueador; a comissão, por sua vez, pode ser, apenas, uma das formas de remuneração do franqueador.

[24] Ob. cit., p.36/44.

típico o contrato, ao conceituá-lo em seu Art.2º, antes reproduzido.

Luiz Edmundo Appel Bojunga[25] sintetiza a questão, afirmando que o contrato de franquia empresarial pode ser classificado como negócio jurídico bilateral e cumutativo, atípico e misto, *intuito personae*, por adesão, de duração, consensual e não-solene. Vale, para tal definição, a mesma ressalva acima lançada.

Este, dentre aqueles estudados, o mais adequado e completo exame.

A partir da classificação jurídica, examina-se, a seguir, as principais características do contrato.

1.2. PRINCIPAIS CARACTERÍSTICAS DO CONTRATO

Alcançada a definição jurídica do *franchising*, devem suas características ser individualmente explicadas:

1.2.1. Bilateral (ou sinalagmático, ou recíproco)

Cria obrigações permanentes entre os participantes do negócio. Tal dado não implica apenas distinguir o *franchising* dos contratos unilaterais; há uma série de conseqüências jurídicas de tal condição advindas, especialmente no que se refere à execução, ou inexecução, das obrigações assumidas. Darcy Bessone de Oliveira Andrade[26] diz que:

---

[25] Bojunga, Luiz Edmundo Appel; "Natureza Jurídica do Contrato de Franchising"; Revista da AJURIS 46-154/181.

[26] Andrade, Darcy Bessone de Oliveira. "Do Contrato". Rio de Janeiro: Forense, 1ª edição, 1960, p.99.

"a) se uma das partes executa as suas obrigações e a outra não cumpre as que assumiu, a primeira pode valer-se da 'cláusula resolutória tácita', para obter o retorno ao *status quo ante*; b) se uma das partes, antes de cumprir as próprias obrigações, exige o cumprimento das assumidas pelo outro contratante, este poderá recusar-se a cumpri-las, invocando a exceção *non adimplenti contractus*; c) se a coisa devida, sendo um corpo certo, perece, a obrigação de entregá-la desaparece, mas, por conseqüência, fica eliminada também a contraprestação correspondente".

Analisando-se, ainda, a subdivisão dos contratos bilaterais em perfeitos ou imperfeitos[27], podemos dizer que o *franchising* está na primeira categoria, posto que presentes obrigações principais para os dois contratantes.

1.2.2. Cumutativo

Para Washington de Barros Monteiro:

"... é o contrato em que cada uma das partes, além de receber da outra prestação equivalente à sua, pode apreciar imediatamente essa equivalência"[28]

Saliente-se que, especialmente no *franchising*, esse equilíbrio entre as recíprocas obrigações adere sobremodo a uma avaliação subjetiva: a equivalên-

---

[27] perfeito quando desde o início do contrato existem obrigações principais para ambos os contratantes; imperfeito, de forma diversa, quando somente com o desenvolvimento da execução do contrato nascem obrigações principais para um dos contratantes.

[28] Monteiro, Washington de Barros. "Curso de Direito Civil - Direito das Obrigações - 2ª parte". São Paulo: Saraiva. 1982-1983, 18ª edição, p.29.

cia responde ao campo do interesse negocial, e nunca a determinado "preço" deste ou daquele bem jurídico.

1.2.3. Típico

Como já salientado, o *franchising*, até bem pouco tempo, era classificado como atípico, diante da ausência, em nosso ordenamento jurídico (o que, aliás, ocorre em quase a totalidade dos países), de legislação específica. Questão que restou superada, como demonstrado.

1.2.4. Misto (ou híbrido)

Embora típico, seu desenvolvimento e constituição de obrigações passa por características peculiares a contratos outros[29]. Tanto assim que Glória Cardoso de Almeida Cruz[30] afirma que, para a formatação da operação de *franchising*, poderiam ser celebrados três distintos instrumentos, com distintos objetos: licença de uso de marca do franqueador ao franqueado, assistência técnica, e promessa e condições de fornecimento. Agregamos possibilidade, ainda, de nosso conhecimento, arrendamento de máquinas e equipamentos, e sublocação (ou locação) de imóvel para instalação do ponto.

1.2.5. Intuito Personae

As condições pessoais de franqueador e franqueado, reciprocamente analisadas, é que determinam, mediante comum aceitação, a afirmação do

---
[29] a respeito, vide comparações feitas no tópico que tratou da natureza jurídica do contrato de *franchising*.
[30] Ob. cit., p.19.

contrato. As partes interessadas assumem obrigações personalíssimas e, por isso, intransmissíveis *causa mortis* (quando, especialmente, for o franqueado pessoa física) ou por ato *inter vivos*, sem prévia anuência do outro contratante.

1.2.6. De adesão

O franqueado recebe pronto um modelo - formulário, entregue pelo franqueador que, em raríssimas oportunidades, admite alteração ou adaptação de qualquer cláusula ou condição. Cabe, aqui, perfeitamente a lição de Martinho Garcez Neto[31], quanto à situação do franqueado aderente:

> "Ao contratante que adere não resta outra alternativa: ou aceita as condições ditadas ou perde o contrato. Ele já as encontra elaboradas, redigidas, impressas no modelo. Não pode impugná-las ainda que em parte. Nem lhes opor qualquer restrição. Elas são como estão escritas. Não facultam escapatórias à plena e irrestrita incidência de suas normas. A ter que rejeitar qualquer das cláusulas ou condições estipuladas só há um meio: é a rejeição em bloco de todas elas, ou seja, do próprio contrato. Ou tudo ou nada, é o dilema que se oferece ao aderente, porque esta seria a imposição inevitável da época atual com o crescente desenvolvimento dos negócios, o ritmo acelerado da vida comercial e industrial, a formação e progresso das grandes empresas.".

---

[31] Garcez Neto, Martinho. "Obrigações e Contratos (Doutrina e Prática)". editor Borsoi: Rio de Janeiro. 1969, p.102.

Esta, aliás, característica comum aos "contratos novos"; no exercício profissional da advocacia empresarial, por diversas oportunidades nossa orientação, ao examinar proposta de contrato de *franchising* ou de *shopping center*, esbarrou na inadmissibilidade, pelo proponente, de admitir qualquer alteração no texto de adesão original. A verdade é que tal posicionamento não encerra a questão, podendo qualquer cláusula ser submetida à análise e providência do Poder Judiciário, após assinatura do contrato, que se repute abusiva; isto, no mais das vezes, a um caro custo, como, ainda neste trabalho, será melhor analisado.

1.2.7. De duração (ou sucessivo)

É um contrato que traz obrigações sucessivas e permanentes, enquanto vigente (o que pode ser estabelecido para tempo certo, ou para tempo indeterminado)[32].

1.2.8. Consensual e não solene

Basta, para realização do negócio, tão-somente a convergência da vontade de franqueador e franqueado[33], ou, segundo citado por Dionysio Gama[34]:

---

[32] Darcy Bessone de Oliveira Andrade. (Ob. cit., p.119/120) anota, como conseqüência desta classificação (se não "de duração ou sucessivo", o contrato é "instantâneo"), três itens: a) inaplicabilidade do Art.1.092 do Código Civil Brasileiro, que trata da exigência do cumprimento de obrigação em contrato bilateral ; discordamos, na medida em que, embora sucessivo, o contrato de *franchising* permite a qualquer dos contratantes a utilização da exceção de não-adimplemento; b) a resolução do contrato não faz com que as partes retornem ao *status quo ante*; c) o caso fortuito ou a força maior, não permitindo temporariamente o cumprimento do contrato, faz com que os efeitos da convenção, relativos ao tempo de duração, fiquem suprimidos.

[33] Beviláqua, Clóvis. "Direito das Obrigações". 6ª edição, Livraria Francisco Alves: Rio de Janeiro. 1945, p. 178: "Consensuaes são os que nada mais pedem para sua perfeição do que o consenso das partes, manifestado por

"...são aqueles, cuja perfeição depende somente do consentimento das partes - *qui solo consensu perficitur.*".

---

escripto ou verbalmente. Solemnes são aquelles que exigem certas modalidades obrigatorias da manifestação juridica."

[34] Dionysio Gama, Affonso. "Teoria e Prática dos Contratos por Instrumento Particular no Direito Brasileiro". 12ª edição, Livraria Freitas Bastos: São Paulo, 1957, p.14.

2. Partes intervenientes no contrato

Franqueador e franqueado. Estes os dois partícipes do contrato de *franchising*. O primeiro é a pessoa jurídica ou física que concede e vende a franquia; o segundo, a pessoa física ou jurídica que adquire a franquia, cuja finalidade está na distribuição do objeto da franquia[35]. Como em qualquer ato jurídico, as partes interessadas em contratar devem ser, na forma da lei civil, capazes[36].

O franqueador, segundo Fran Martins[37]:

"deve dispor de um produto que tenha assegurada a comercialização. Pode, assim, ser ele o próprio produtor ou fabricante, mas pode ser também um distribuidor geral ou alguém que possa dispor da marca dos produtos e permitir sua comercialização por outrem".

---

[35] Cruz, Glória Cardoso de Almeida. Ob. cit., p.2.
[36] Art.82 do Código Civil Brasileiro.
[37] Martins, Fran. Ob. cit., p.579.

As funções do franqueador, segundo material de divulgação de responsabilidade da *Associação Brasileira de Franchising*[38], são as seguintes:

a) apoio técnico para exame da localização e viabilidade econômica do ponto comercial, funcionando muitas vezes como locador, que loca o imóvel ao franqueado, ou tornando-se locatário, sub-locando a este;

b) assistência para o aluguel ou compra de equipamentos, por melhores preços e tecnologia avançada;

c) projeto e execução das instalações;

d) treinamento técnico e gerencial contínuo;

e) participação cooperada e assessoramento de *marketing*;

f) criação de procedimentos padronizados de operações e contabilidade, com respectivo fornecimento de manuais e materiais de apoio às vendas;

g) centralização de compras e instruções para controle de estoques;

h) orientação financeira e análise de balanços;

i) continuidade de todas as obrigações acima.

Ghersi[39] informa quem é o franqueado:

"El franquiciado adquiere o usa los derechos de fabricar o de expedir al público el bien o servicio, por lo cual paga al franquiciante un *royaltie*, manteniendo su posición de dominado."

O conceito acima reproduzido bem destaca a condição de fragilidade do franqueado perante o

---

[38] Cruz, Glória Cardoso de Almeida. Ob. cit., p.28/29.

[39] Ghersi, Carlos Alberto. Ob. cit., p.37.

franqueador - o que merecerá observação ainda mais acurada.

Finalizando este título, importante conhecer a enorme lista de obrigações do franqueado, na lição de Nelson Abrão[40]:

a) usar a marca, título de estabelecimento e insígnia, cores, fórmulas, métodos de fabricação, publicidade e comercialização, nos estritos termos contratados junto ao franqueador;

b) na construção ou reforma do imóvel a ser utilizado para exploração da franquia, atender às exigências, planos e especificações do franqueador, não podendo proceder a quaisquer alterações sem expressa e prévia concordância deste;

c) instalação de elementos, mobiliário, maquinaria e equipamento, mediante prévia aprovação do franqueador;

d) contratação de pessoal segundo as orientações do franqueador (por exemplo: as lojas Mac'Donalds sempre são atendidas por jovens que, de preferência, estejam cursando universidade);

e) usar o ponto somente para a atividade franqueada, explorando o mesmo somente sob o título convencionado;

f) participar dos cursos iniciais de capacitação e gerenciamento, e de todos os cursos que venham, ao longo do contrato, vir a ser promovidos pelo franqueador;

g) pagar ao franqueador um direito de entrada no negócio (mal comparando, corresponderia tal "entrada" às "luvas" no contrato de locação), e

---

[40] Abrão, Nelson. "Da Franquia Comercial". São Paulo, Ed. Revista dos Tribunais: 1984, p.18/20.

percentual sobre o montante dos negócios, geralmente estabelecido entre 2% até 14%;

h) adquirir do franqueador, ou de fornecedor pelo mesmo indicado, as compras necessárias às suas atividades meio e fim;

i) abster-se de utilizar a marca concedida como nome comercial, individual ou coletivo; utilizar a marca em todos os recipientes, utensílios e bens necessários ao exercício da atividade;

j) abster-se de vender, exibir, instalar ou utilizar instrumento, máquina ou meio de diversão sem prévia autorização do franqueador;

k) manter horário de funcionamento idêntico ao dos demais franqueados do mesmo franqueador;

l) guardar sigilo acerca do Manual Confidencial de Exploração, que deverá ser devolvido ao franqueador ao término do contrato;

m) cooperar e participar das promoções especiais conjuntamente desenvolvidas pelas demais franqueadas de seu franqueador;

n) manter boa aparência e higiene do local da atividade, sujeitando-se a inspeções do franqueador, atendendo às determinações do mesmo para solução de problemas apontados;

o) ter estoques suficientes e mínimos, fixados pelo franqueador;

p) admitir a intervenção, à frente de seus negócios, de pessoa indicada pelo franqueador, se não estiverem sendo cumpridas as metas e regras contratadas;

q) receber, em seu estabelecimento, representante do franqueador para inspeções, testes e conversações com os empregados;

r) efetuar e arcar com as despesas de seguro, em companhia de indicação do franqueador, em valores por este indicados, e que respalde a ambos;

s) abster-se, pelo prazo mínimo de cinco anos após termo final do contrato, de participação financeira ou associativa em empreendimento semelhante àquele de sua franquia, em determinada região geográfica; abster-se de contratar qualquer pessoa que tenha servido ao franqueador, ou a qualquer franqueado deste, no prazo anterior a três meses do termo final do contrato;

t) não vender, transferir, ceder, hipotecar ou arrendar o estabelecimento ou qualquer propriedade pessoal vinculada a ele, sem prévio oferecimento ao franqueador, em idênticas condições oferecidas a terceiros;

u) com o termo final do contrato, deixar imediatamente de utilizar as marcas, símbolos e elementos que identifiquem o franqueador; proceder às modificações do estabelecimento, com o fim de afastar identificação com o franqueador;

v) não vincular o franqueador ou crédito deste a obrigações, reclamações ou demandas originadas da atividade do estabelecimento franqueado;

x) para dirimir controvérsias contratuais, submeter-se ao arbitramento, conforme contratado.

3. Atrativos e ônus

Como qualquer contrato, o *franchising* traz atrativos e ônus a seus partícipes.
Destacamos, sob o enfoque do franqueador, as vantagens do sistema aqui estudado, conforme apresentado por Roberto Cintra Leite[41]:
 a) rapidez de expansão - multiplicação de unidades de pontos de venda, ou de unidades de produção;
 b) aumento de rentabilidade - na medida em que, para a expansão da rede, não utiliza o franqueador capital seu, mas do franqueado, fornecendo, dado o maior número de "pontos", maior número de unidades de produto ou serviços;
 c) redução de custos - como o franqueado é o dono de seu próprio negócio, este tenderá a buscar sua própria redução de custos, com reflexo para toda a rede; também reduz o franqueador suas despesas no setor de compras, dado que as fará em cada vez maior quantidade, ganhando, com isso,

---
[41] Leite, Roberto Cintra. *"Franchising* na criação de novos negócios". 2ª edição, São Paulo: Atlas. 1991, p.44/47.

perante seus fornecedores, benefícios quanto a valores e formas de pagamento;

d) motivação maior dos franqueados - o franqueado, como já se disse, é dono do próprio negócio, sempre buscando, por isso, incremento de suas atividades, com reflexo direto nos lucros do franqueador;

e) maior participação no mercado - como conseqüência a expansão da rede;

f) maior cobertura geográfica - possibilidade de alcançar regiões territoriais até então não atendidas pela marca, produtos e serviços do franqueador;

g) melhor publicidade - *mídia* e *franchising* são inseparáveis; não se pode falar em sucesso de uma franquia sem respeitável investimento publicitário, seja qualitativamente, seja quantitativamente;

h) menores responsabilidades - o franqueador, vendendo ou servindo a muito mais consumidores, não arca com as despesas trabalhistas, impostos, tributos, bem como obrigações advindas de ilícitos civis e penais, vinculados à atividade de seus franqueados[42];

i) melhores representantes - o sistema propicia ao franqueador uma prévia avaliação dos candidatos a franqueado.

Acrescenta Simão Filho[43], ao rol das vantagens do franqueador, a notoriedade de sua marca, que

---

[42] aqui, deve ser ressalvado o disposto no Código de Defesa do Consumidor, Lei nº 8.078/90, quanto à responsabilidade do franqueador fabricante, produtor ou construtor (Art.12), ou fornecedor de serviços (Art.13), perante o consumidor por fato danoso resultante do produto ou do serviço; bem como, da mesma Lei, a responsabilidade do franqueador, perante o consumidor, por dano resultante de vício do produto e do serviço (Arts.18, 19 e 20).

[43] Ob. cit., p.62.

passa a alcançar um maior número de pessoas, tornando-se, com isto, mais e mais popular.

As desvantagens do franqueador, segundo Roberto Cintra Leite[44], são as seguintes:

a) perda parcial do controle - como o franqueado é dono do próprio negócio, ainda que previsões contratuais garantam ao franqueador direto controle e intervenção nas contas daquele, sempre possível ocorrer fatos que, em razão da distância da sede franqueante, passem alheios ao conhecimento deste;

b) maior custo de supervisão - na medida em que crescem em número os franqueados, na mesma proporção necessários investimentos em supervisão, sempre para manutenção do padrão da franquia;

c) maiores custos de formatação - o dia-a-dia do sistema de franquia passa por normas de procedimento traduzidas em manuais de operação; estes, em razão das variações de mercado, tanto do ponto de vista macro como local, devem ser constante ou, ao menos, periodicamente atualizados, trazendo, com isto, as conseqüentes despesas;

d) perda do sigilo - se a essência do sucesso da marca é sempre preservada (por exemplo: a fórmula da Pepsi ou da Coca-Cola), não tem o franqueador como evitar, pena de fracasso de seu sistema, tomem os franqueados conhecimento de parte de seus "segredos" industriais e comerciais - tudo como conseqüência da obrigação contratual de transferência de *know-how*;

---

[44] Ob. cit., p.48/53.

e) risco de desistência - eventual desmotivação do franqueado, que leve à desistência, acarretará prejuízos flagrantes ao franqueador; este investiu na transferência de *know-how*; deixou, talvez, de firmar contrato para a mesma região territorial com outro candidato;

f) perda da liberdade - para alterações que pretender introduzir na rede, deve o franqueador, quando estas forem de alguma monta e que, de alguma forma, impliquem modificação contratual, consultar e obter prévia concordância de seus franqueados;

g) expansão sem planejamento - tal situação pode acarretar vendas em volume maior à capacidade de produção, o que traria desmotivação nos franqueados, pela não-entrega das mercadorias; também a expansão sem os necessários cuidados pode obrigar o franqueador a ter de, emergencialmente, para fugir à primeira situação (de vender e não poder entregar), adquirir mais maquinário, contratar mais pessoal, correndo o risco de aumentar seus custos, e repassá-los aos franqueados que, por sua vez, repassarão ao consumidor final, que poderá, pelo aumento do preço, deixar de adquirir seus bens de consumo e serviço;

h) seleção inadequada - já se examinou a necessidade de bem conhecer o candidato a franqueado; uma escolha infeliz poderá desmoralizar a marca, com prejuízos de difícil reparação;

i) perda de padronização - deve atentar o franqueador à manutenção do padrão visual dos estabelecimentos franqueados, bem como dos produtos e serviços lá oferecidos; na medida em que o franqueado simultaneamente trabalha com produtos outros, além de ferir o contrato que o vincula ao franqueador, desprestigia a marca e reputação deste.

Simão Filho[45] acresce, como desvantagens do franqueador, eventual indisciplina do franqueado, inadequação do franqueado (o que, está claro, decorre de uma má seleção), e possível rentabilidade baixa de uma unidade, relativamente às demais (o que pode levar o franqueado a buscar fórmula própria de trabalho, em detrimento à unidade do sistema).

Enumeramos, agora, algumas razões que atraem o candidato a franqueado, também arroladas por Roberto Cintra Leite[46]:

a) maior chance de sucesso - o franqueado recebe uma marca consagrada, já testada, e que possui contínuo consumo;

b) plano de negócio - o franqueador possui previsões e metas amplas e muito antecipadas, o que dá segurança ao franqueado;

c) maior garantia de mercado - gerada pela contratação de determinada área geográfica com exclusividade;

d) menores custos de instalação - na medida em que o franqueador informa ao franqueado todos os custos, fornecedores, etc.;

e) economia de escala - os investimentos publicitários são suportados por um fundo formado por todos os franqueados; as despesas de compras são menores, já que feitas por uma central, que adquire grandes volumes para atender a várias franqueadas, com maior poder de barganha perante os fornecedores;

---
[45] Ob. cit., p.64/65.
[46] Ob. cit., p.53/58.

f) maior crédito - o sistema financeiro conhece as ligações entre franqueados e franqueadores, cientes do apoio que os últimos dão aos primeiros, facilitando a concessão creditícia;

g) maior lucratividade - pelo conjunto das vantagens acima já apresentadas, as possibilidades de lucratividade são maiores do que as que resultariam de uma atividade nova, independente;

h) ROI mais rápido - a sigla ROI vem do idioma inglês *return on investiment* (retorno do investimento); pelas mesmas razões acima expostas, e pelo que o mercado, ao longo dos anos, já demonstrou, o ROI em uma franquia tende a ocorrer de forma mais rápida em relação à uma atividade nova, independente (no Brasil, uma bem administrada franquia da Mac'Donalds, como antes colocado, garante retorno do investimento inicial em dois anos);

i) pesquisa e desenvolvimento - são encargos do franqueador tais atividades; com isto, o franqueado tem sua atividade sempre mantida moderna, atraente e competitiva, sem dispender valores quaisquer;

j) independência do seu negócio - independência do ponto de vista jurídico e financeiro (como já se alertou, há integral dependência do franqueado perante o franqueador do ponto de vista negocial).

O mesmo Autor relaciona, também, os ônus ou desvantagens do franqueado:

a) maiores controles - o franqueador mantém controle absoluto sobre a atividade do franqueado, e sobre seus livros, na medida em que a remuneração daquele está assentada sobre percentual do faturamento deste;

b) autonomia parcial - como se mencionou, a autonomia entre franqueador e franqueado é jurídica e financeira; depende este do segundo para seu regular funcionamento;

c) risco de descumprimento de contrato - muitas vezes, as promessas feitas pelo franqueador, após assinatura do contrato, acabam por não se realizar[47];

d) taxas de franquia - a taxação sobre o franqueado, ocorrendo sobre diversos itens contratuais, deve ser bem avaliada, pena de inviabilizar o negócio;

e) seleção ineficiente - a seleção do franqueador, pelo franqueado, deve ser rigorosa;

f) localização forçada - embora possível ao franqueado sugerir o exato local de estabelecimento de seu ponto, a palavra final será sempre do franqueador;

g) restrições na cessão do sistema - quando do exame da natureza jurídica do contrato de *franchising*, verificamos que este se caracterizava como de *intuito personae*; assim, a cessão em vida somente pode ocorrer mediante prévia autorização do franqueador; a sucessão hereditária igualmente inexiste, podendo ser admitida, repete-se, somente prévia concordância do franqueador.

Simão Filho[48] relaciona, do ponto de vista do consumidor, as vantagens e desvantagens do sistema de franquia empresarial. Como vantagens, aumento de opções de consumo, preço compatível, e facilidades adicionais; no rol das desvantagens, a possibilidade de engano, na medida em que o

---

[47] exatamente por isto foi que a lei brasileira da franquia - Lei n° 8.955/94 - estabeleceu, em seu art.2°, uma Circular de Oferta de Franquia, a ser previamente alcançada pelo candidato a franqueador ao candidato a franqueado.

[48] Ob. cit., p.64 e 66.

consumidor pode pensar estar adquirindo produto ou serviço diretamente do franqueador (prejuízo que somente se verificaria se o franqueado "escondesse" a condição de seu estabelecimento ser uma franquia).

4. Espécies e formas

Existem quatro básicas espécies de *franchising* (*franchising* direto), que podem ser desenvolvidas de diferentes formas (*franchising* indireto)[49].

Analisamos, a seguir, cada uma destas espécies:

a) de produto - produção de bens pelo franqueador, ou por terceiros licenciados sob supervisão plena deste, e entregues ao franqueado apenas para comercialização, de forma exclusiva (exemplo: VR - Vila Romana, indústria de confecções de roupas);

b) de distribuição - produção de bens pelo franqueador, ou por terceiros fornecedores, devidamente testados, mediante prévia seleção pela central de compras e distribuição do franqueador, e repassados ao franqueado, que fará a venda ao distribuidor final (exemplo: postos de combustíveis da Shell ou da Esso);

c) de serviços - fornecimento de serviços pelo franqueado, que recebe do fabricante-franqueador assistência técnica e garantia de produtos, bem

---

[49] Leite, Roberto Cintra. Ob. cit., p.31/37.

como componentes e peças originais de reposição gratuita para a hipótese de defeito de fábrica (exemplo: lojas-oficinas da SAB, Serviço Autorizados Brastemp); mas não apenas é restrita a espécie às questões de assistência técnica de produtos: vale-se desta, também, para o setor de hotelaria (exemplo: Hilton, Holiday Inn), e empresas locadoras de serviços (exemplo: Aviz, Hertz-Rent a Car, Localiza-National);

d) industrial - produção de bens pelo próprio franqueado numa unidade industrial sua, tendo sido transferidos, pelo franqueador, direito do uso de marca, fórmula de fabricação do produto com o *know-why* (saber porquê, ou seja, a técnica de engenharia de produção e processo para a correta construção e operação), e com o *know-how* (saber como, ou seja, a técnica de comercialização e distribuição), mantendo, todavia, em segredo a essência do produto, jamais revelada (exemplo: produtores e engarrafadores de Coca-Cola e Pepsi-Cola, que recebem pronto o "xarope" secreto).

Estas quatro espécies, como referido, podem ser desenvolvidas de inúmeras formas. Simão Filho[50] cita as seguintes formas: Misto, Master, Corner, Associativo, Financeiro, Multi, Multimarcas, de Nova Instalação, de Reconversão, de Desenvolvimento de Área, Itinerante. Das lições de Roberto Cintra Leite[51], acresce-se as formas de Controle de Área, e Sistema de Franquia Formatada.

Examina-se, de forma sintética, cada uma destas formas:

---

[50] Ob. cit., p.47/50.

[51] Ob. cit., p.36/42.

a) Misto - contratos nos quais preponderam mais de uma das espécies, ou seja, *franchising* conjunto de produtos e serviços, ou produtos e indústria, e as demais possíveis combinações;

b) Master - o franqueador contrata franqueado para que este subfranquie a terceiros (subfranqueados);

c) Corner - o franqueador contrata com o franqueado para a montagem e desenvolvimento do negócio em pequenos espaços, no interior de *shopping centers* ou locais de grande movimento;

d) Associativo - comum nos Estados Unidos da América, representa a participação recíproca do franqueador no capital do franqueado ou vice-versa; fere, obviamente, à noção caracterizadora do *franchising*, quanto à independência jurídica e financeira entre os partícipes;

e) Financeiro - o franqueado, detentor de capital para investimento, adquire pacote de *franchising* colocando, na gestão do negócio, pessoa de sua confiança;

f) Multi *Franchise* - quando o franqueado é possuidor de mais de um pacote de franquia, da mesma rede, em pontos diversos;

g) Multimarcas - quando o franqueado possui pacotes de franquia de distintos franqueadores, e detém poderes contratualmente havidos para gestão de todas;

h) de Nova Instalação - o franqueado adquire, ou se obriga a tanto, o local em que a atividade será desenvolvida;

I) de Reconversão - o franqueado vem desenvolvendo outra atividade e, após contratação da franquia, converte-a de acordo com a formatação prevista pelo franqueador;

j) de Desenvolvimento de Área - o franqueador contrata um franqueado para que este desenvolva os pontos de venda a serem franqueados em áreas determinadas, diferenciando da forma Master já que aquela, ao contrário desta, admite a subfranquia;

k) Itinerante - o franqueador transfere seus sistemas para operação em uma unidade móvel pertencente ao franqueado, como ônibus, caminhão, trailer, etc.;

l) Controle de Área - o franqueador original, geralmente de marca internacional, delega a várias empresas subcontratadas o direito de controlar a marca franqueada em determinado território geográfico;

m) Sistema de Franquia Formatada - o franqueador transfere as técnicas industriais ou métodos de administração e comercialização anteriormente por ele desenvolvidos, cedendo ao franqueado a marca e um conjunto de direitos de propriedade incorpórea, para este operar sob sua supervisão e assessoria técnica na fabricação e/ou vendas de seus produtos e/ou serviços, em troca de compensação financeira.

ns da contratação

Pré-contratual; Pré-contrato ou Pré-*franchising*; Contrato.

5.1. FASE PRÉ-CONTRATUAL

O Brasil teve, com a vigência da Lei nº 8.955/94, de forma pioneira, consagrada a responsabilidade pré-contratual. Já se disse que o contrato de *franchising* tem assento, basicamente, na fidúcia, representando necessidade de contínua e continuada colaboração entre franqueador e franqueado.

Daí, a necessidade de que, já nos primeiros contatos entre os interessados em contratar, fiquem claramente estabelecidas as regras sobre as quais se assentará pretendida longa relação.

A praxe está em o franqueador, interessado em criar ou ampliar rede de franqueados, publicar, em veículos de *mídia*, sua disposição, atraindo candidatos.

Atração esta que, muitas vezes, se vinha fazendo sobre promessas e situações que o tempo, não raro, demonstrava restarem longe da realidade.

Se, como de nosso entender, fragilizada, ao longo do contrato, a situação do franqueado perante o franqueador, nos primeiros contatos, na fase pré-contratual, ainda que por força de lei, tal quadro passa por nítida inversão.

Reproduz-se, agora, o que disciplina a mencionada lei nacional, em seu Art. 3º, acerca da responsabilidade pré-contratual do franqueador:

"Art. 3º. Sempre que o franqueador tiver interesse na implantação de sistema de franquia empresarial, deverá fornecer ao interessado uma Circular de Oferta de Franquia, por escrito e em linguagem clara e acessível, contendo obrigatoriamente as seguintes informações:

I - histórico resumido, forma societária e nome completo ou razão social do franqueador e de todas as empresas a que esteja diretamente ligado, bem como os respectivos nomes de fantasia e endereços;

II - balanços e demonstrações financeiras da empresa franqueadora relativos aos dois últimos exercícios;

III - indicação precisa de todas as pendências judiciais em que estejam envolvidos o franqueador, as empresas controladoras e titulares de marcas, patentes e direitos autorais relativos à operação, e seus subfranqueadores, questionando especificamente o sistema de franquia ou que possam diretamente vir a impossibilitar o funcionamento da franquia;

IV - descrição detalhada da franquia, descrição geral do negócio e das atividades que serão desempenhadas pelo franqueado;

V - perfil do 'franqueado ideal' no que se refere à experiência anterior, nível de escolaridade e outras características que deve ter, obrigatória ou preferencialmente;

VI - requisitos quanto ao envolvimento direto do franqueado na operação e na administração do negócio;

VII - especificações quanto ao:
a) total estimado do investimento inicial necessário à aquisição, implantação e entrada em operação da franquia;
b) valor da taxa inicial de franquia e de caução; e
c) valor estimado das instalações, equipamentos e do estoque inicial e suas condições de pagamento;

VIII - informações claras quanto a taxas periódicas e outros valores a serem pagos pelo franqueado ao franqueador ou a terceiros por este indicados, detalhando as respectivas bases de cálculo e o que as mesmas remuneram ou o fim a que se destinam, indicando, especificamente, o seguinte:
a) remuneração periódica pelo uso do sistema, da marca ou em troca dos serviços efetivamente prestados pelo franqueador ao franqueado (*royalties*);
b) aluguel de equipamentos ou ponto comercial;
c) taxa de publicidade ou semelhante;
d) seguro mínimo; e
e) outros valores devidos ao franqueador ou a terceiros que a ele sejam ligados;

IX - relação completa de todos os franqueados, subfranqueados e subfranqueadores da rede, bem como dos que se desligaram nos últimos doze meses, como nome, endereço e telefone;

X - em relação ao território, deve ser especificado o seguinte:

a) se é garantida ao franqueado exclusividade ou preferência sobre determinado território de atuação e, caso positivo, em que condições o faz; e

b) possibilidade de o franqueado realizar vendas ou prestar serviços fora de seu território ou realizar exportações;

XI - informações claras e detalhadas quanto à obrigação do franqueado de adquirir quaisquer bens, serviços ou insumos necessários à implantação, operação ou administração de sua franquia, apenas de fornecedores indicados e aprovados pelo franqueador, oferecendo ao franqueado relação completa desses fornecedores;

XII - indicação do que é efetivamente oferecido ao franqueado pelo franqueador, no que se refere a:

a) supervisão de rede;

b) serviços de orientação e outros prestados ao franqueado;

c) treinamento do franqueado, especificando duração, conteúdo e custos;

d) treinamento dos funcionários do franqueado;

e) manuais de franquia:

f) auxílio na análise e escolha do ponto onde será instalada a franquia, e;

g) *layout* e padrões arquitetônicos nas instalações do franqueado;

XIII - situação perante o Instituto Nacional de Propriedade Industrial - INPI das marcas ou patentes cujo uso estará sendo autorizado pelo franqueador;

XIV - situação do franqueado, após expiração do contrato de franquia, em relação a:
a) *know how* ou segredo de indústria a que venha a ter acesso em função da franquia; e
b) implantação de atividade concorrente da atividade do franqueador;
XV - modelo do contrato-padrão e, se for o caso, também do pré-contrato padrão de franquia adotado pelo franqueador, com texto completo, inclusive dos respectivos anexos e prazo de validade.

Ainda relativamente à fase do pré-contratual, que a lei substancia em documento denominado Circular de Oferta de Franquia, o texto normativo determina, em seu artigo 4º, que este *"deverá ser entregue ao candidato a franqueado no mínimo 10 (dez) dias antes da assinatura do contrato ou pré-contrato de franquia ou ainda do pagamento de qualquer tipo de taxa"*.

Da leitura do texto legal, não pende dúvida acerca da importância que a fase pré-contratual adquire para o desenvolvimento do contrato de franquia.

Tanto que na hipótese do não-atendimento aos exatos termos da Circular[52] "o franqueado poderá argüir a anulabilidade do contrato e exigir a devolução de todas as quantias que já houver pago ao franqueador ou a terceiros por ele indicados, a título de taxa de filiação e *royalties*, devidamente corrigidas, pela variação da remuneração básica dos depósitos de poupança mais perdas e danos",[53] "sem prejuízo das sanções penais cabíveis".

---

[52] parágrafo único do Art.4º da Lei nº 8.955/94.
[53] Artigo 7º da Lei nº 8.955/94.

A Circular, no nosso entendimento, deve ser considerada como o documento-padrão para o pré-contrato, ou para o contrato que vir a ser, pelas partes, firmado.

Reiteramos: nesta fase, todos os ônus e riscos são do franqueador, que expõe uma "radiografia" de sua empresa, tendo a obrigação de mostrar, inclusive, seus pontos fracos - o que não é bom, para aquele que pretende submeter o candidato a franqueado a uma adesão irrestrita às condições de sua elaboração.

Mais do que isto: propicia ao candidato a franqueado contato com atuais e ex-franqueados, para verificação se foram, ou estão sendo cumpridas, as promessas e garantias ventiladas na Circular de Oferta.

5.2. PRÉ-CONTRATO OU PRÉ-*FRANCHISING*

De início, importante distinguir o pré-contrato ou pré-*franchising*, da fase pré-contratual.

Na fase pré-contratual, como de sua própria denominação se depreende, está-se a estabelecer as bases para uma futura negociação; no pré-contrato ou pré-*franchising*, já em operação a franquia, ainda que de forma experimental.

Muitas vezes, temores recíprocos se manifestam, no sentido de que, realmente, venha a funcionar de acordo com as expectativas uma nova franquia.

Assim, franqueador e franqueado firmam um pré-contrato que é, segundo Simão Filho[54]:

---
[54] Simão Filho, Adalberto, Ob. cit., p.59/60.

"um instrumento firmado inicialmente, com validade limitada no tempo, que possibilita a aquilatação da capacitação em potencial do interessado para com o sistema operacional, possibilitando a este, por sua vez, a avaliação dos aspectos operacionais do pacote de *franchise* que está adquirindo. Isto reduz a possibilidade de insatisfação das partes para com o negócio empreendido."

O pré-contrato representa, está claro, um período recíproco de testes, findo o qual as partes, satisfeitas ou descontentes com a amostragem conhecida, poderão, ou não, firmar o documento definitivo.

5.3. O CONTRATO

A Lei nº 8.955/94, conforme antes tratado, disciplina, em nosso país, o contrato de *franchising*, inclusive quanto à fase das tratativas.

No que pertine ao contrato propriamente dito, o legislador disciplinou aspectos formais e de conteúdo.

Quanto à forma, veja-se o regramento do Art. 6º:

"Art.6º - O contrato de franquia deve ser sempre escrito e assinado na presença de 2 (duas) testemunhas e terá validade independentemente de ser levado a registro perante cartório ou órgão publico."

Portanto, temos que o contrato de franquia, para sua validade formal, além dos requisitos gerais aos negócios jurídicos, deverá:
a) ser escrito; e
b) ser firmado por duas testemunhas instrumentárias.

Até tipificação legal, normalmente o sistema de *franchising*, como regrar era implantado por no mínimo três distintos instrumentos[55]: um para cessão de direito de uso de marca ou nome de fantasia, outro para fornecimento de produto e/ou tecnologia, e um terceiro relativo à prestação de serviços de assistência técnica e/ou assessoria.

Verificado o texto do Art. 6º acima reproduzido, tal questão dispensa maior questionamento, na medida em que um documento único consagra a relação obrigacional.

Correta a unificação contratual determinada pelo legislador (que fala em instrumento formalizador no singular), até porquê impensável, na franquia empresarial, a continuidade de qualquer dos no mínimo três "contratos" separadamente.

Com nascedouro obrigacional, como de nossa opinião, na Circular de Oferta de Franquia, o contrato final traz, sempre, cláusulas necessárias[56], a que se somam outras usuais[57].

São cláusulas necessárias para caracterização do *franchising*:

a) prazo do contrato - no Brasil, quatro diferentes formas de duração têm prevalecido: prazo determinado sem possibilidade de rescisão unilateral

---
[55] Leite, Roberto Cintra, Ob. cit., p.112/113.
[56] Bulgarelli, Waldírio. Ob. cit., p.587.
[57] Cruz, Glória Cardoso de Almeida. Ob. cit., p.35/36.

(salvo hipótese de infração), prazo determinado breve com prorrogação tácita por tempo indeterminado, prazo determinado sem possibilidade de rescisão unilateral (salvo hipótese de infração), com prorrogação por novo prazo determinado, e prazo indeterminado com possibilidade de rescisão unilateral mediante notificação ou aviso prévio;

b) delimitação do território e da localização - onde poderá o franqueado atuar, com ou sem exclusividade;

c) taxas de franquia - normalmente, há estipulação de um valor inicial (*initial fee, entry fee* ou *entrance fee*) popularmente conhecido por *royalties*, para o ingresso do franqueado no sistema; este paga, também, percentual sobre suas vendas; há uma terceira remuneração, a títulos diversos, que objetiva custear campanhas publicitárias;

d) quotas de vendas - é estabelecido um mínimo de volume de negócios, visando sempre a manter motivado o franqueado;

e) direito de cessão pelo franqueado - limitada à prévia aprovação do substituto pelo franqueador;

f) cancelamento ou extinção do contrato - estabelecimento das condições para termo final do contrato[58].

---

[58] segundo o professor português Antônio Menezes Cordeiro, em artigo denominado "Do Contrato de Franquia (*Franchising*), publicado na Revista da Ordem dos Advogados, Lisboa, abril de 1988, "A extinção da franquia pode, nos termos gerais, advir de qualquer das causas aptas a fazer cessar as situações duradouras, com relevo para a caducidade, a resolução, o distrate ou a denúncia: *caducidade* quando sobrevenha um facto - normalmente um prazo - fixado pelas partes para o termo da vigência do negócio, *resolução* nos casos determinados pelo contrato ou pela a lei, com relevo para o incumprimento imputável a uma das partes, *distrate* quando haja revogação por mútuo acordo e *denúncia* sempre que, na ausência de qualquer prazo de vigência, alguma das partes lhe ponha unilateralmente cobro, desde que com certa margem destinada a evitar danos desnecessários. O contrato pode

Usuais são as seguintes cláusulas:
a) o direito do franqueador de proibir ao franqueado a venda de quaisquer produtos que não tiverem sido feitos, aprovados ou indicados por aquele;
b) horário de funcionamento, aberto ao público, do franqueado;
c) direito ao franqueador de auditar os livros do franqueado;
d) aprovação prévia, pelo franqueador, da publicidade local do franqueado;
e) seguro a ser feito pelo franqueado, em companhia indicada pelo franqueador;
f) direito de preferência do franqueador para adquirir o negócio do franqueado;
g) direito de o franqueador estabelecer modalidades de vendas do franqueado (por exemplo, proibir a concessão de crédito, ou do uso de cartão de crédito);
h) prévia aprovação, pelo franqueador, das compras de equipamentos pelo franqueado;
i) determinação da instituição financeira com a qual deverá operar o franqueado, para a totalidade dos valores apurados em sua atividade;
j) proibição ao franqueado de manter negócio outro em simultaneidade à franquia, ou seja, obrigatoriedade de dedicação exclusiva;
k) uso, pelos empregados do franqueado, de uniforme adrede aprovado pelo franqueador.

---

ainda cessar por impossibilidade absoluta superveniente ou quando seja resolvido, ..., por alteração das circunstâncias."

Conclusão

A good franchise will never permit a franchisee complete freedom.[59]

Ou, em livre tradução: um bom franqueador jamais permitirá um franqueado completamente livre.

O que comentar, nestas circunstâncias, acerca de um contrato onde patente a condição de imposição, quase que absoluta, de uma parte sobre outra? De um contrato onde franqueador pode, a seu bel-prazer, causar, em questão de dias, a ruína de seu franqueado?

Este, no nosso entendimento, o desafio que representa a franquia empresarial.

As características nesta obra ampliadas estão presentes em *franchising* de qualquer País.

Portanto, está-se diante de um desafio que ultrapassa nossas fronteiras.

Em boa hora, o Brasil adotou forma de comprometer o franqueador, acerca das atraentes promes-

---
[59] Harry Kursch, *apud* Fran Martins. Ob. cit., p.582.

sas ainda anteriores à formalização de compromisso escrito, criando a Circular de Oferta.

Ao menos num momento do relacionamento franqueador-franqueado, aquele está em posição, se não de inferioridade, ao menos de desconforto. Assinado o contrato (ou pré-contrato), pouco restará ao franqueado senão trabalhar, trabalhar e trabalhar, ardorosamente cuidando de manter plenamente atendidos os interesses do franqueador. Como exemplo do que ora se afirma, reproduzimos cláusulas presentes em contrato de franquia de supermercado, relativamente ao fornecimento de mercadorias, onde franqueadora, figurando como CONTRATADA, uma rede de supermercados, cujo nome, por óbvio, é aqui omitido:

> "A CONTRATADA fornecerá à CONTRATANTE, conforme especificações do pedido feito por esta, os produtos de que disponha em seu depósito, cadastrado à CONTRATANTE, pelo prazo de ..
>
> PARÁGRAFO ÚNICO: Os produtos supra-referidos serão fornecidos pela CONTRATADA à CONTRATANTE a preços que permitam a competitividade desta no mercado em igualdade de condições com as lojas próprias da rede da CONTRATADA."
>
> "A CONTRATANTE obriga-se a efetuar seus pedidos somente à CONTRATADA ou a outros fornecedores por ela indicados."
>
> "A CONTRATANTE comercializará somente os produtos adquiridos da CONTRATADA ou de fornecedores por ela indicados, ..."

"A CONTRATADA obriga-se, ainda, a indicar à CONTRATANTE fornecedores aos quais esta possa efetuar pedidos de mercadorias de que não disponha a CONTRATADA."

O Acadêmico de primeiro ano do Curso de Direito não teria dificuldade qualquer em erguer sua voz contra a abusividade das cláusulas acima reproduzidas, em especial quanto aos grifos lançados.

No contrato examinado, a franqueada adquire da franqueadora o direito de explorar um supermercado de médio porte, em local nobre e de constante circulação de pessoas.

A franqueadora, ao mesmo tempo, mantém suas próprias lojas.

Pois como contratado, o fornecimento das mercadorias para o franqueado não se dá pelo justo preço praticado no mercado - mas por preço compatível àquele exercido pela franqueante em suas lojas.

Como contratado, se a franqueadora, por exemplo, não tiver, para fornecimento, arroz, feijão e farinha, não poderá a franqueada adquirir de outrem tais produtos.

Como contratado, basta a alegação, pela franqueadora, de que "não disponho de tais mercadorias, e não conheço alguém que as possa ter", para que o franqueado tenha nas mãos a administração de um supermercado de prateleiras vazias, sem clientes.

Que solução para tal estado de coisas?

O Poder Judiciário, timidamente (porque timidamente a respeito provocado), vem concedendo medidas urgentes que visam a coibir tentativas de boicote de franquedores para com seus franqueados.

Todavia, deve o franqueado, premido e pressionado, mostrar extrema agilidade para a busca e obtenção de guarida jurisdicional (especialmente em sede de agora sugerida Ação Revisional de Contrato, ou Ação Declaratória de Nulidade de Cláusula Contratual, ambas com pedido de antecipação de tutela jurídica).

Faltante a rapidez recomendada, qualquer providência pode mostrar-se ineficiente, por demasiadamente tardia.

Salvo tais aspectos, a merecer profunda e dedicada atenção, estamos convencidos da utilidade econômica e social do *franchising*, como forma de atividade empresarial apta ao sucesso.

Mais convencidos estamos de que o instituto sofrerá, em tempo bastante próximo, profundas adaptações e alterações: está-se diante de contrato onde a criatividade das partes, e o princípio da liberdade contratual (o que já se mostrou, a bem da verdade, acaba por abrir flancos aos abusos), estão elevados a mais alta potência.

Por tudo isso, este livro não esgota, como não poderia esgotar, tema ainda em assentamento. Sua inicial pretensão (e pensamos que esta restou alcançada) foi conhecer o instituto do *franchising*, de forma geral, bordando a síntese da pesquisa desenvolvida com opinião crítica, tudo sob a égide do recente texto legal, disciplinador da matéria.

Referências bibliográficas

ABRÃO, Nelson. *A Lei da Franquia Empresarial*. São Paulo: Revista dos Tribunais, volume 722.

ABRÃO, Nelson. *Da Franquia Comercial*. São Paulo: Ed. Revista dos Tribunais: 1984.

ANDRADE, Darcy Bessone de Oliveira. *Do Contrato*. Rio de Janeiro: Forense, 1ª edição, 1960.

BEVILÁQUA, Clóvis. *Direito das Obrigações*. 6ª edição, Rio de Janeiro: Livraria Francisco Alves, 1945.

BULGARELLI, Waldírio. *Contratos Mercantis*. 5ª edição, São Paulo: Atlas, 1990.

BUSSANI, Mauro e CENDON, Paolo. I Contratti Nuovi - casi e material di dottrina e giurisprudenza - *Leasing, Factoring e Franchising*. Milano, Itália: Giuffrè Editore, 1989.

CRUZ, Gloria Cardoso de Almeida. *Franchising*. Rio de Janeiro: Forense, 1993.

DIONYSIO GAMA, Afonso. *Teoria e Prática dos Contratos por Instrumento Particular no Direito Brasileiro*. 12ª edição, São Paulo: Livraria Freitas Bastos, 1957.

GARCEZ NETO, Martinho. *Obrigações e Contratos (Doutrina e Prática)*. Rio de Janeiro: Editor Borsoi. 1969.

GHERSI, Carlos Alberto. *Contratos Civiles y Comerciales*. tomo 2. Buenos Aires: Editorial Astrea; 1992; 2a. edición.

LEITE, Roberto Cintra. *Franchising na criação de novos negócios*. 2ª edição, São Paulo: Atlas. 1991.

LOBO, Jorge. *Contrato de Franchising.* Rio de Janeiro: Forense, 1994.

MARTINS, Fran. *Contratos e Obrigações Comerciais - Edição Universitária* - 1ª edição revista e aumentada. Rio de Janeiro: Forense, 1990.

MENEZES CORDEIRO, Antonio. *Do Contrato de Franquia (Franchising)*: Autonomia Privada *Versus* Tipicidade Negocial. Revista da Ordem dos Advogados: Lisboa, abril 1988.

MONTEIRO, Washington de Barros. *Curso de Direito Civil - Direito das Obrigações - 2ª parte.* São Paulo: Saraiva. 1982-1983, 18ª edição.

SIMÃO FILHO, Adalberto. *Franchising: aspectos jurídicos e contratuais.* São Paulo: Ed. Atlas, 1993.

METRÓPOLE
Editora Gráfica Metrópole S.A.